LA VIDA CON ISABEL

LA VIDA CON ISABEL

SERGIO RODRÍGUEZ JIMÉNEZ

Valparaíso
EDICIONES

Número 402 de la Colección VALPARAÍSO DE POESÍA
dirigida por FEDERICO DÍAZ-GRANADOS

Diseño de la colección: Chari Nogales

Primera edición: febrero de 2024

© De los poemas: Sergio Rodríguez Jiménez

© Valparaíso Ediciones
C/ Fray Leopoldo, 7 bajo, 18014 Granada
www.valparaisoediciones.es

ISBN: 978-84-10073-25-8
Depósito Legal: GR 103-2024

Impreso en España - *Printed in Spain*
Gráficas Gami

El papel utilizado para la impresión de este libro está calificado como papel ecológico y procede de bosques gestionados de manera sostenible

LA VIDA CON ISABEL

"No sé qué tienen las flores, llorona, las flores del campo santo.
No sé qué tienen las flores, llorona, las flores del campo santo.
Que cuando las mueve el viento, llorona, parece que están llorando.
Que cuando las mueve el viento, llorona, parece que están llorando".

CHAVELA VARGAS

Romeo: "Lady, by yonder blessed moon I swear, that tips with silver all these fruit-tree tops."
Juliet: "O, swear not by the moon, the inconstant moon, that monthly changes in her circled orb. Lest that thy love prove likewise variable."

WILLIAM SHAKESPEARE

LUNA NUEVA

I

Podrías haber sido acantilado nocturno,
calle sin gente o imaginaria rotación de astros.
Podrías haber sido color con varias almas,
cadencia terminal o instante casi infinito.
Pero quisiste ser conmigo y ser sed antigua,
tus ojos sostenían la distancia sin nombre,
el tiempo a veces permitió que pudiera abrirse
nuestra hogaza de noches en un solo planeta
y la mujer del horizonte fue unción más tarde.

¡Qué poco presentí la longitud de lo eterno,
y su árida maleza y su expresión, lenta y rota,
discurriendo por días en que la luz se escucha...!
¡Qué poco presentí los conjuros de tus ojos
tiznando en mis paisajes burbujeantes fósiles,
melodías viscosas, esbozos entre viernes...!
¡Qué poco presentí que podrías haber sido,
pero también huyen los charcos hacia el futuro
y se construyen puentes sin que la lluvia amaine...!

II

Calla un instante. Deja que mi raíz se expanda
por los ritmos curiosos de la tierra distinta,
del paisaje olvidado, deja que me sostengan
esos recuerdos que han surcado tu alma distante.

Guarda silencio. Que la vida esparza tus lágrimas
como joyas por toda la pobreza celeste,
deja que se hagan ricos otros con tu legado,
tu secreto de siglos abiertos como heridas.

Bésame fuerte. Siempre se ha dicho que la Parca
va paseando en pijama por pasillos de estrellas.
Yo quiero ser el sueño que te falta, las horas
que has gastado pensando en que falleceremos pronto.

Somos de instantes. Ya parece que el viento muda
de dolor, esta tierra olvida su torso oscuro
y baila con los árboles mientras el bramido
inocuo de las cosas prosigue su destierro.

Todo respira. Abrázame como si los pájaros
supieran nuestra lengua de misterios humildes,
como si la memoria fuese de nuevo niebla,
rocío, vendaval, materia, tiempo, distancia…

III

Algún día sabré lo que siempre ha estado escrito,
lo que descifro cuando me atrevo a traducirte,
lo que ocultas al mundo cuando a veces escampa,
las frases que he tenido que cruzar para hallarte,
esa exhausta laguna que refleja tu nombre.

Algún día sabré lo que nunca se ha prohibido,
lo que destilo cuando me atrevo a condensarte,
lo que inspiras al cielo cuando a veces retumba,
las veces que he tenido que nacer para oírte,
esas turbias palabras que embalsaman tu pausa.

Algún día sabré lo que a veces se despierta,
lo que parece cuando me atrevo a redimirte,
lo que abrigas al fondo cuando a veces te nombro,
los surcos que he tenido que bordar para aunarte,
esa frágil distancia que perturban tus sueños.

Algún día. El páramo sufre como ausente,
las horas se desnudan y descubren su sombra,
hay secretos que casi ignoran sus ojos mudos,
mientras la calma va olvidando sus hijos calvos
por acequias remotas donde el color se esconde.

IV

Contemplo tu paisaje desde hace varios siglos.
Estamos inhalando nuestra sombra prohibida.
Esta vida parece que nos dibuja a tientas
y, sin embargo, ¡cuánto se desnuda el ocaso!

Acuno tu paisaje como una herida insomne,
como si siempre hubiera sangre al final del mundo,
mientras lo diferente va mostrando su cuerpo
lleno de calles que no escuchan nunca la lluvia.

Comulgo en tu paisaje con las horas más rotas,
vamos cruzando la abadía de lo que vierte
su oración inminente entre semanas sin fondo,
sin oasis posible, sin redención del aire…

Respiro en tu paisaje diagnósticos azules,
ciudades que al fin sanan poco antes de morir,
vacíos que se cumplen cuando ya no hace falta,
locos que lloran cuando regresan a sí mismos…

Y sin embargo tu paisaje sigue hacia siempre,
hacia el borde sin rumbo de las cosas que ríen,
que se diluyen entre tímidos vendavales,
entre ríos que fluyen sin conocer su nombre…

V

Living is easy with eyes closed
JOHN LENNON

Parece que no sé el acertijo de la tierra,
la misiva cifrada que nos revela el tiempo,
no sé la adivinanza prohibida de las cosas,
el secreto maldito de estas tardes que gimen
bajo derivas de melena casi insaciable.

Parece que no sé cierto altar del horizonte,
allá donde se posa lo que nos permanece,
no sé la vida de las formas que nos abrazan
como si eterna música hollara nuestros ojos,
como si nadie se explicara nuestro pasado.

Solo conozco las orillas que a veces mugen
porque sus hijos han perdido a Dios en la brisa,
porque cojean hacia el sexo de una penumbra,
solo conozco el magma sin rutina que insiste
en devorar insomnios con coágulos fríos.

Por eso sobrevivo en un desierto sin sangre,
porque la gente olvida que las dunas se olvidan
mientras cubra la arena con gritos su esperanza,
porque el día persigue a la noche que no escupe
su nombre arcano sobre el rostro del firmamento.

VI

IKTSUARPOK

No puedo imaginar la lejanía sin rostro
de tu nombre posándose en el corazón blanco
que me acostumbras a entregarte como si fuera
una carta de sangre ya siempre a la deriva.

No puedo imaginar el bosque de flores duras
que incuban tu sonrisa tras nostalgias celestes,
tras surcos de las veces que vamos sosteniendo
con besos nuestra senda por rezos y redobles.

No puedo imaginar los corredores prohibidos
donde se inflaman nuestras ánimas casi atónitas,
donde se expurga el sufrimiento y su superficie
cansada de haber visto la razón de lo oscuro.

No puedo imaginar eso que nunca se abarca,
eso que no es eterno tan solo antes de amarse,
¿verdad que ves los labios áridos del deseo
saciándose en mitad de rutinas tan innobles...?

Camino por la calle... y solo ahora imagino
la trayectoria casi humana de todo un párrafo,
de toda una ciudad que descifra su estatura
porque parece que no se odia nunca a sí misma.

VII

Yo nací un día que Dios estuvo enfermo.
CÉSAR VALLEJO

Tengo la enfermedad de lo que no se recita,
de lo que no se puede amanecer por sí mismo,
padezco de paseos oníricos al alba
y camino a través del día, ebrio por verte,
por estrechar las fauces plácidas del ocaso.

Tengo la enfermedad propia del que nunca olvida,
del que siempre se calla en lo estólido del mundo,
se calla y va tejiendo un exilio indescifrable
donde las cosas ya no llegan a arrepentirse,
donde los viejos te preguntan si te conocen.

Tengo la enfermedad de un tejado sin cimientos,
de un rico sin dinero, de un pobre sin orgullo,
de un cura ateo, de un ateo supersticioso,
de algún acantilado que ya nunca despierta,
de un charco cuyo fondo casi siempre se ignora.

Tengo la enfermedad de eso que a veces procuras
pero que solo ya traduce la senectud,
cuando entiendes que todo al final va a dar igual,
cuando el poema de la vida se nos descubre,
cuando todo está escrito por la voz de la niebla.

VIII

Tú, que fuiste trinchera adolescente y espiga
de ocaso maniatado por negras amapolas,
y cenefa lacónica henchida de horizontes,
tan plena de discursos como una tarde oscura…

Tú que fuiste resorte inmanente y luna exhausta
a través de prohibidas constelaciones, mientras
lo denso nos reptaba por una espalda agreste
que nunca conoció el confín de cuanto abrigábamos…

Tú que fuiste portal sin sed y luz sin desierto,
compás sin todo aquello que siempre hayamos roto,
ignoto tras los hábitos de aludes plausibles
con que nos reducías a escombros el camino…

Tú, siempre tú. A veces no distingo el murmullo
de los árboles cuando pasean por las calles
desiertas de mi espíritu, pero me da igual
porque nadie conoce tu multitud de sombra…

Tú… que serás ciudad de avenidas ya pretéritas,
de ancianos que recuerdan el día en que nacieron,
de mascotas que ríen cuando las abandonan,
de lluvia que cae solo si la gente se quiere…

IX

si juzgamos sabiamente
daremos lo no venido
por pasado.

JORGE MANRIQUE

El pasado es un páramo de árboles al viento
donde se posa el resplandor de la luna inquieta.
A menudo paseo por los charcos helados
y me pregunto sobre el sentido del paisaje.
Y rezo en tu estatura hasta que las sombras brillan.

El pasado conmina a nuestra expresión rasgada
a caminar con rasgos maniatados, y junto
con las nubes que pasan hay iracundos bordes
malogrando el latido de hambrientos oquedales,
sajando la distancia entre corazones sordos.

El pasado es tan solo lo que fuimos a veces,
lo que no hemos dejado de ser, aunque nos duela:
ráfagas, estertores, si, breves chispas, gritos
entre las fauces solitarias del universo,
entre sus dunas demacradas, entre la nada.

El pasado consume lo que ahora observamos,
filtra lo que hemos hecho y tamiza el horizonte,
pero no impide que hoy regrese de nuevo a casa,
no impide que me quite el abrigo de los siglos
que nos miran, no impide que nos besemos siempre.

X

Pasa la gloria, nos ciega la soberbia
Pero un día pasa la gloria
y ves que, de tu obra, ya no queda ni la memoria.

PATA NEGRA

Esos viejos amigos con quienes esculpimos
la insolente verdad tras los años que gotean,
tras los sueños que caen como palabras sañudas
entre las páginas postreras de nuestra vida,

esos viejos amigos con quienes recordamos
que los días nos tratan bien a pesar de todo,
que las noches se acaban en los parques del alma,
que es más feliz quien ama sus propias cicatrices,

esos viejos amigos con quienes la batalla
se hace querer alrededor del olor a sangre
que anega las mañanas agudas con segundos
y envenena las tardes esdrújulas con sombras,

esos viejos amigos donde lo que advertimos
se abre paso entre páramos de volutas verdes,
entre amnésicas balsas que recorren lo insomne,
entre destinos que coinciden bajo la bruma,

esos viejos amigos donde lo que soñamos
no se distingue de las guerras tan legendarias
que a menudo jalonan nuestros parcos senderos,
no se distingue del cariño sin lejanía…

CUARTO CRECIENTE

XI

Envejecer contigo siempre. Hay arrecifes
de instantes que se agolpan en las costas del alma,
como transidos de belleza ya insoportable,
mientras jaspean resplandores casi sin ritmo
más allá de los barrios que anegan la conciencia...

Envejecer contigo siempre. Hay grises musas
latiendo por paisajes donde no llega el miedo
a congelar el mundo, pero siguen los surcos
de sus cuerpos angostos erosionando el canto
abismal de las cosas que no desaparecen...

Envejecer contigo siempre. Y así la vida
se comba hacia su sino de eternas cicatrices,
descifra su deidad sin argumentos oscuros,
deja que el tiempo filtre esos romos horizontes
con sus manos de ramas desnudas como grietas...

Envejecer contigo siempre. Quizás la impura
quietud que invadirá este páramo hasta el final
acabe por quebrar el discurso de las horas,
pero somos costados de una misma diaclasa
y nuestros ojos cavarán frases en el aire...

XII

Y huele
a toca negra y aceitosa, a pura
bruja este mediodía de septiembre
CLAUDIO RODRÍGUEZ

Quizás haber venido desde un mar tan lejano
enturbie nuestros ojos al hablar de la lluvia,
al comulgar con la galaxia que hay aquí dentro,
pero vimos muy clara la matriz de un instante.

Quizás haber trazado un rostro desde las sombras,
desde líneas esdrújulas de un desierto escrito
pueda tiznar de barro lo azul de la distancia,
pero nadie cortaba la luz como nosotros.

Porque creíamos saber el meollo insigne
de las cosas, el pálido enigma de la vida,
 el ritmo despiadado e impasible del tiempo,
su estigma interminable, su eternidad sin nubes…

Porque creíamos saber el idioma oculto,
la cicatriz futura, la magnitud sin noche,
los ríos en que un túrgido fulgor arrojaba
nuestras cabezas cuando el frío las escindiera…

Y ahora que en el aire solo hallamos la luna
este mundo nos sabe a conjuro inacabado,
a una estación de tren donde nadie se detiene,
a un país donde ya solo quedan emigrantes…

XIII

El río pasa mansamente. La vida fluye
y la corriente lleva su porción de justicia
y de caos a la gente que sigue aun nadando.
El río pasa mansamente al lado de casa.
Vivimos al compás de lo que pueda venir.

¿Quién decide quien muere o quien permanece vivo?
¿Quién quiere continuar en el borde de una duda?
El río pasa y no responde a nada ni a nadie.
¿Quién quiere continuar nadando hasta que se esconda
el ocaso en el curso de su pregunta eterna?

Nadie sabe lo que hay al otro lado. Los rizos
del río nos intrigan, nos burbujean, pero
solo se puede continuar, siempre hacia adelante,
siempre con la mirada llena de acantilados
hacia un ocaso oculto perdido entre la niebla.

El río pasa mansamente al lado de casa.
Pero, ¿es mi casa donde yo me hallo o es el río
que fluye lo que da sentido a lo que escucho?
Salgo fuera de casa y respiro mansamente
porque confluyo con el resto del universo.

XIV

PALINGENESIA

Aspiro hacia mí todo el cauce del universo.
Las galaxias acuden, mientras el ritmo inmóvil
de los valles proyecta su reflejo infinito
sobre aquellas ciudades que no ignoran su rostro.

Aspiro hacia nosotros la sed del firmamento.
Los océanos braman en torno a la cordura.
Los volcanes resoplan sobre nuestra conciencia
y bajo el alma hay precipicios que nunca brotan.

La cúspide del aire desconoce su huida
hacia sitios de donde nunca se vuelve sano,
hacia lugares donde el éxito nunca existe
porque todo es igual en la mirada del tiempo.

Espiro lento nuestra paz en el universo.
Las estrellas encogen, mientras su sorna oscura
hace que el tragaluz de los sagitarios tiemble
más allá de los tiernos cristales de la tierra.

Espiro cálido mi altar en el firmamento.
Los planetas devoran sus pócimas heladas
hasta que una batalla deje de molestarme
con sus garras oníricas frente a los tumultos.

XV

a veces las monedas en enjambres furiosos
taladran y devoran abandonados niños
FEDERICO GARCÍA LORCA

No llores, Isabel, por lo que ocurre en el mundo.
La vida está infestada de niebla. Sin descanso
caminamos hambrientos entre la rueda intensa
de los días y noches que se repiten siempre,
seguimos avanzando con los ojos prohibidos...

...hasta momentos que no saben que están despiertos,
hasta parajes mudos que sueñan que taladran
la sonrisa de ciertas sirenas parapléjicas,
que rompen los poemas de ancianos criminales
cuando confiesan que han hurtado la voz al frío...

No llores, Isabel, por lo que ocurre en el mundo.
Yo te traeré pulseras de palabras que nunca
nadie ha sabido pronunciar antes. Te traeré
instantes que la gente suponía ya ahogados
en las acequias cabizbajas que oculta el tiempo.

Seremos horizontes transidos de amapolas,
escenas de películas que al fin se recuerdan
poco antes de morir, delitos que no resultan
letales para el escondite de las galaxias,
veladas que podrán alumbrar pozos famélicos...

XVI

La madre de Isabel tiene noventa y dos años.
Su vida se sostiene por los bordes baldíos
que rodean lo cálido del mundo y del alma
a través de pretéritos y constelaciones.

A través de los surcos que abanican el tiempo,
la madre de Isabel va respirando rendijas
sin abrigar la multitud ni abrir el tumulto,
sin pestañear bajo lo que nunca se escucha.

Parece que la tierra amanece ya despierta
cuando la madre de Isabel enhebra su historia
de designios recónditos y lunas insignes,
parece que la espera la acompaña con nubes.

Eso que a veces brilla tras el licor sonoro
de la vida no ceja y gotea por la madre
de Isabel como sobre las esporas de un texto,
como aquellas estrellas que anhelan un navío.

La madre de Isabel tiene noventa y dos años.
Los tendrá siempre. Su alma de marfil nos espera
más allá de este oráculo que quema horizontes,
más allá de la pátina fiel de ignotos siglos.

XVII

Hay golpes en la vida tan fuertes... ¡Yo no sé!

CÉSAR VALLEJO

Después de todas las tormentas que han esbozado
los años en mi cauce surcado por el frío,
después que las costuras que aúnan nuestra vida
están a punto de olvidarse yo me pregunto
cuál es el pálido sentido del sufrimiento.

Sufrimos y la inocua espiral que no hemos roto
perfora nuestros sueños como una escoria esbelta,
como un licor al que se extraen las llamas apócrifas,
mientras el alba que al final se desnuda siempre
parece que no sabe lo que a veces se esconde...

Después de todos los desiertos que han anegado
esa voz brutal donde brota el escalofrío,
después que las semillas que enhebran nuestra espiga
las haya descifrado el viento nadie responde
acerca del fugaz designio del firmamento.

Vivimos y el insomnio sangra en nuestras palabras.
Está gimiendo en nuestros oquedales sin frases,
sin posible descanso, mientras arde el sentido
más allá de tumultos y párrafos remotos,
más allá de transidos e interminables pájaros...

XVIII

La calma de Isabel descifra notas prohibidas,
fluye entre barricadas de sangre imaginaria,
pero los vórtices del mundo no cesan nunca
de soñar holocaustos para los más insomnes.

Hay brotes deslumbrando en biografías celestes,
cicatrices que ciegan senderos insaciables,
pero no hay nadie que conozca la multitud
de los ojos que gritan en tu explanada rota.

El cuerpo de Isabel sobrevive a dentelladas
por acequias sin tiempo donde el dolor se aleja,
pero los soliloquios de la tierra se inhiben
cuando sus frases se oyen desde el fragor del frío.

Hay sortilegios más allá del viento que asume
que se incendiarán besos por encima del cielo,
pero con la ceniza se ralentiza el llanto
del universo sobre el día, sobre tus poros.

El alma de Isabel no traduce la distancia
que hay entre lo infantil y lo maduro de un ritmo;
pero yo expandiré su música por los surcos
impredecibles que alimentan el firmamento.

XIX

Vagamos entre lívidos recuerdos que a veces
muestran sus senos como almenas hacia lo oscuro,
mientras algún insomnio rompe en el horizonte
ese escorzo de luz que nuestra sed necesita,
ese inmanente esfuerzo por morir de otro modo.

Vagamos entre omnívoras nostalgias que intentas
no escuchar con los ojos de nuestros sueños huérfanos,
mientras algunas lágrimas traducen idiomas
lejanos como córvidos que graznaran sangre
al volar más allá de corazones hendidos.

Vagamos entre límites obtusos que inhiben
el ritmo de las venas con húmedas alarmas,
mientras los recovecos de un estrépito llano
fagocitan su sombra sin posible retorno,
sin preguntar por nuestra lánguida iridiscencia.

Porque vagamos como señuelos de lo inerte,
como niños perdidos en una guerra inocua,
una batalla en la que a todo le falta el nombre,
porque vagamos como textos impredecibles,
llenos de tachaduras, de resecos futuros.

XX

EOSINOFILIA

Este mundo, Isabel, tiene las manos cortadas.
De sus muñones tuertos brotan firmas sangrientas.
Nos mira fijamente. Susurra algunas frases
que se escuchan más tarde, a lo largo de los años...

Pero no conocemos su verdadero rostro,
pleno de inmensidades sordas, de ritmos fúlgidos,
llano como la sombra de la madre de un pobre,
como los ojos de los peces que oyen su muerte...

Este mundo, Isabel, tiene los versos torcidos.
De sus palabras mancas brotan gestos obtusos.
No se leen fácilmente. A veces se desbocan
en hogueras frenéticas sin razón alguna...

Pero ignoramos la escasez de sus melodías,
varadas en la sed que se desliza por sueños
donde la gente se alimenta de precipicios,
donde nadie desea llegar a ser anciano...

Este mundo, Isabel, sostiene un final absurdo
entre sus brazos, y camina como si fuera
a conquistar la tierra de los que nunca olvidan,
a convencer a los que siempre han sido inocentes...

LUNA LLENA

XXI

Hoy voy a visitarme a mí mismo, por la tarde,
y me hallaré pensando en huir a no sé dónde,
pensando en que las cosas pasan en otro sitio,
en otra dimensión donde las tardes se pueblan
de palabras que nunca reconocen que existen.

Yo nunca existo en esta tierra de frases pálidas,
de estrofas que desean huir hacia las nubes,
porque la realidad es una tarde en que llueve
y los charcos podrían ser corazones yertos
que desearan estar en otra parte del mundo.

Hoy voy a visitarme a mí mismo, y hace poco
que he charlado conmigo y no hallo más horizonte
en el alma que ideas pululando vacías
por una calle ya desierta del universo,
por una travesía fugaz de la galaxia.

Solo existe Isabel en la otra mitad brillante
del espejo en que miro cómo deshilachamos
la realidad y cómo se enhebran precipicios
por donde van cayendo los fragmentos del día,
donde desaparecen los vestigios del tiempo.

XXII

En fin, ya son las tres
¿qué esperan encontrar?
es tristísimo.

JOSÉ AGUSTÍN GOYTISOLO

Tras la guerra, la carne es cara al hacer la compra.
Has colocado esta semana una estantería.
Un compañero de trabajo quiere acoger
a un refugiado: su hija no deja de insistirle.

Hoy es martes. Mañana pensaré en por qué sales,
Isabel, tan ausente en aquella foto oscura.
Llueve aún y tu madre continúa contenta
a pesar de que esté tan próxima de la muerte.

Ayer salí a correr por el parque y la distancia
que hay entre el cielo y lo que queda de nuestra vida
se hizo pequeña cuando tropecé junto a un banco.
Un mareo quizás brille en el final del mundo.

Oímos las noticias y parece que llegan
de otro universo. Allí, los silogismos se nutren
de las causas baldías. Te acaricio, Isabel,
y sonríen las minas que infestan el deseo.

A veces me pregunto qué será de nosotros.
La vida nos responde pronto al ver el ocaso.
Los días pasan como las páginas de un libro:
dejarás de leer y nos dormiremos siempre.

XXIII

La guerra es el origen de todo
HERÁCLITO

Todo es una batalla constante. Las semanas
resbalan despiadadas en medio del desastre,
mientras hay horizontes que estrellan sin futuro
su estertor de colores sonámbulos, su enigma,
contra algunas trincheras de realidad absorta.

Cientos de flores rezan sed de contradicción
por precipicios donde un púlpito se desnuda
y proyecta su danza de cicatrices yertas
más allá de ciudades en que el humo no es signo
de raíz ciega sino de cáliz imposible.

Todo parece estremecerse, pero el legado
que deja el filo túrgido de las cosas siempre
es árido y frenético... como ciertos ágapes
que celebran algunos soldados sin ceniza
tras las cocinas automáticas del infierno.

Cientos de esclusas siguen rodeando lo impuro
de las calles que no evacúan el ritmo estéril,
la cadencia indefensa, los reflejos inútiles...
alrededor de un dictador cuando no se rompe
el andamio de su alma con colegios seniles.

XXIV

Je ne suis qu'un misérable ver de terre
amoureux d'une étoile
VÍCTOR HUGO

Isabel solo hilvana aquello que es diminuto
y deja para mi hebra el telar del firmamento,
pero es difícil contemplar la galaxia entera
sin que te ciegue el resplandor de lo que respira.

Isabel solo cose aquello que es inmediato
y planea trayectos cortos para su sombra,
pero, aunque yo suture nuestro prisma con siglos,
acabo siendo solo una inanición que aguarda.

Es complicado averiguar un faro absoluto,
un promontorio desde donde se escuche todo
sin que los años manchen con alarmas insomnes
la canción que nos une, nuestra fiel partitura.

¿Y cuál es la destreza adecuada, aquella lente
que nos hará abrir el paisaje con surcos frágiles,
libres de despertarnos con las mismas rendijas
cada vez que volvemos a reanudar el mundo?

Ojalá la película acabe con un plano
secuencia en que el dolor se expanda por el desierto
y solo se recuerden dunas donde algún día
hubo estatuas de arena enamoradas de estrellas.

XXV

Se nos inunda la vivienda de acantilados,
se ahoga la esperanza de hallarnos con el rostro
anegado de sueños que se despeñan desde
meses como cadáveres floreciendo en plazas
por donde pasan todos, pero no queda nadie.

Se nos inunda la vivienda de confesiones,
como llanuras plenas de vacas que contemplan
estáticas el tren de los instantes cruzando
raudo por unos días donde tu historia flota,
por unas noches donde amaina en mi superficie.

Nuestra casa se inunda, Isabel, y solamente
parece que se seca la quietud de su nombre
cuando los años se acumulan como corteza
en torno al tronco que prosigue esta loca ruta,
este desesperado devenir de las horas.

Nuestra casa se inunda y erosiona el destino,
va royendo las gentes que a veces parecieron
sed al final de un piélago de adversos tumultos,
y solo nos aguardan recuerdos tras lo inmóvil,
tras la calma desierta que asoló nuestras vidas.

XXVI

Todo me ha dirigido hacia tus ojos oscuros.
El sendero hasta ti no ha sido frágil. A veces
pienso que todo se va hilando para que un día
nuestros himnos trasciendan más allá de la niebla.

Todo te arremolina hacia mi sombra arbolada.
El camino hasta mí no ha sido débil. Tal vez
pienses que todo ahora huye, pero una noche
nuestras mareas silbarán más allá del viento.

¿Esa es la magnitud humana: sobrevivir
sin saber para qué? ¿Sin concebir hasta cuándo?
Sobreponerse al desaliento: ¿es ese el secreto
que desciframos como una firma en las estrellas?

¿Por qué no hay nadie que responda? Es el promontorio
donde al fin nos hallamos quien tan solo susurra
la incógnita fugaz de los pájaros, el frío
del río cuando fluye la ronda de las horas…

Respiro y es la única respuesta posible,
desdibujándose entre el ímpetu de las nubes
mientras avanzo hacia el vacío del horizonte,
mientras va diluyéndose el altar de otro instante…

XXVII

La piedra es una frente donde los sueños gimen
sin tener agua curva ni cipreses helados
FEDERICO GARCÍA LORCA

Isabel: discutimos. Y al discutir trenzamos
los cabellos de musas que suspiran desnudas
en las lagunas primitivas de la conciencia,
allá donde se peina la dignidad del aire,
donde se miman los cimientos de nuestro afecto.

Y si no discutiéramos, ¿quién nos abriría
los surcos de un invierno que a veces hace falta
para reconocer el costado de las cosas,
para darnos al fin cuenta de que estamos solos,
solos frente al altar vacío del firmamento?

La soledad es una piedra donde los púlpitos
mecen sus labios con ejércitos inasibles.
Todavía paseo y tú paseas al lado
de nuestro corazón como una tropa de décadas
que hemos pasado huyendo juntos de la penumbra.

Isabel: nos queremos. Y al querernos oímos
la multitud de nuestros sueños bailar por calles
donde no se distinguen los charcos de las nubes,
donde no se distinguen los besos de la nieve,
oímos nuestras almas arando el horizonte.

XXVIII

Have you ever danced with the devil
in the pale moonlight?
JACK NICHOLSON

Ahora que los años naufragan sin costuras,
ahora que la sed se extiende sobre el pasado,
siento que debo agradecer por lo que tenemos,
Isabel, pero no sé a quién, a qué fiel enigma...

Tu mediodía vierte sus alas, ya sin goznes,
más allá del candado de mis besos, y, al fondo,
se empapa la ciudad de los que han huido siempre,
de los que emigran de sus propias incertidumbres...

La vida nos ha hablado durante medio siglo
y no has hurtado aún ninguna conclusión digna
de blanquearse en verso, y es que no hay ningún mundo
que conozca lo nuestro como esta tarde inmensa...

Parece que sí. Hay que dar las gracias sin mácula
por todo el brillo que orientamos, por todo el frágil
paisaje en que hemos ido creyendo y, sin embargo
por algunas lagunas donde se ahogaron sueños.

Porque después de la sequía que nos añora,
sigue brotando aquel afán, porque tras el baile
del diablo la luna calla de todos modos,
porque hemos vuelto a ser de nuevo nosotros mismos...

XXIX

El viento entre las ramas ávidas de los árboles.
¿Qué sabe el viento entre las ramas de nuestra vida?
Solo un rumor proscrito que brama en lo que vemos.
Solo el eco de nuestros pensamientos nocturnos
repitiendo su estrofa entre púlpitos celestes.

Y, así, el árbol, y, así, nosotros, bordamos algo
de nuestro espíritu en el fiel cauce de la noche,
en esta madrugada de impenetrables siglos
donde lo insólito parece que reverbera
más allá de los fríos andamios de las nubes.

¿Qué quiere revelarnos la sed entre las ramas,
la luz entre la niebla, el crepitar de las horas…?
…cuando la verdad calla y se muestra ya desnuda
tras el balcón transido de aquello que no fue,
de aquello que ya nunca podrá ser de igual modo.

¿Qué nos deseas, ávida eternidad, hambrienta
de horizontes esquivos que transgredir, de acopios
que se inmolan más tarde en hogueras insepultas?
¿Qué deseas que hagamos con nuestros ojos huecos,
con nuestros cuerpos llenos de óbices inclementes?

XXX

No te preocupes, Isabel, por las dunas cárdenas
que te has visto obligada a atravesar en la vida.
Hay un desierto en cada instante que nos deslumbra
a medida que vamos abatiendo el camino.

El final es tan solo el final, pero aún cuánto
parece que se escucha, mientras las millas sobrias
no se distinguen de los cauces inapelables,
no diluyen su rostro entre kéfires oscuros.

No te preocupes, Isabel, por el ritmo roto
que las musas ocupan con su montón de cuerpos
rendidos a la lluvia hueca de primavera,
ni por el sexo eterno de los acantilados.

Yo te embalsamaré sin espiral de horizontes,
sin sordinas desnudas que puedan rebatirte,
yo mancharé tu soledad hasta entender siempre
eso que sueño cuando me despierto contigo.

No te preocupes, Isabel, nunca te preocupes
porque la vida solo ofrezca su alcohol impuro,
porque las noches solo duren hasta los días,
porque parezca que ya solo Dios nos escucha.

CUARTO MENGUANTE

XXXI

Because I could not stop for death –
He kindly stopped for me –
EMILY DICKINSON

Isabel continúa contemplando la muerte.
La mira sin escorzo y, sin embargo, se aparta
de sus harapos, secos como hojarasca albina,
esos harapos que limitan la curvatura
fugaz de nuestro ocaso abrazado con desvelo.

La muerte se desnuda en los brazos de Isabel.
Muestra sus senos insensatos, su desvarío
danzando entre las piernas de una esperanza obsesa.
La muerte llega y se despide como una alondra
a la que hubieran arrancado el ocaso pronto.

No hay ningún infinito para la muerte que infle
sus rincones con sórdidos arrecifes, puros
goznes donde lo pálido se vislumbra insomne,
donde aquellos pretéritos que el alma diluye
se propagan despacio por todo lo ignorado.

Isabel sigue y yo la sigo, pero la muerte
despedaza sin rumbo nuestros licores frágiles,
silencia sin piedad nuestras banderas sin rostro
hasta olvidar el himno de las cosas futuras,
hasta casi bordar las carestías del mundo.

XXXII

…todo eso, pueblos y jardines, que va tomando
forma y consistencia, sale de mi taza de té.
MARCEL PROUST

Isabel limpia lo que nunca parece escrito,
y cocina al final de una multitud de frases
que aderezan a veces lo que brilla en el mundo,
lo que imagino cuando me alimenta su sombra.

Los ingredientes flotan en un recodo frágil,
allí donde reside el conjuro sin raíces,
el contorno enigmático, aquel fin de la magia
goteando hasta oírse silencio entre la lluvia.

La cocción de Isabel licúa el color del viento,
dora los surcos donde anida lo iridiscente
y parece que espera aquello que no respira,
agazapada en torno a la quietud de un antojo.

Degusto el guiso de Isabel… y nuestra conciencia
aliña las entrañas de este barrio sin bordes,
nutre los párrafos nocturnos que su nostalgia
tiznó en algunas calles de una entropía insigne…

Y la ciudad prosigue su estación casi inocua,
casi a punto de abrirse, como un ocaso en blanco,
como un poema donde al fin todas las imágenes
conduzcan a una misma constelación sin rumbo…

XXXIII

Isabel no comprende el sentido del poema.
Yo tampoco comprendo el sentido de la vida.
Los dos somos espías de la distancia oculta,
precoces aprendices de unos años baldíos
que se diluyen en la sed de sueños y sombras.

El poema resbala por la paz de Isabel
como un paseo por un parque lleno de patos
porque lo que le importa es la comunión del viento
con las cosas sencillas que da cualquier mañana,
cualquier alba repleta de pájaros sin nombre.

La vida ralentiza mi opinión sobre el mundo,
y es que no logro escabullirme del laberinto
que crean sus complejas rutinas en mis ojos,
cansados de buscar una salida aparente
a tanta falta de visión, tanta incertidumbre.

Y es que Isabel y yo nos parecemos en algo:
tenemos un destino común que nos abraza,
un enigma vacío que compartimos, casi
como si fuéramos a ser dignos justo ahora
de alguien que lee de nuevo nuestro epitafio inmóvil.

XXXIV

…y una horrorosa sed
dando gritos en medio de la sangre.
BLAS DE OTERO

La grasa es el estigma claro de nuestro tiempo.
Hay grasa en todas partes. Todo el mundo supura
grasa, grasa que infesta a todos los seres vivos.
Hay grasa bajo el sol y grasa tras la tormenta.

La grasa es el alcohol que bebe la gente sobria.
La verdad va exudando grasa hasta la mentira.
Hay más charcos de grasa que juzgados nocturnos,
que alegres cementerios, que altura en precipicios.

Hay programas grasientos, grasa posando en cines,
en festivales, lámparas de grasa y grasientas
multitudes comiendo grasa en grasientos parques
donde lo principal es que la grasa se escuche.

Hay grasa más allá del horizonte, y hay grasa
muy cerca de tus labios y hay grasa imaginando
grasa a un centímetro de grasa que se amontona
al final de un recuerdo de grasa entre la noche.

Isabel lleva toda la vida disolviendo
la grasa que se aloja entre los sueños del mundo.
Ese es su sino y su destino y nunca habrá nadie
que la disuada de limpiar nuestras pesadillas.

XXXV

Es necesario huir de este universo, Isabel,
para sembrar el nuestro con las zanjas abiertas,
con los hábitos romos, con el paisaje frío,
con la maleza que ha brotado de nuestros muros,
con los aullidos que han dejado las noches blancas.

Es necesario destilar el vacío absorto
de tu sendero para colmarlo de amapolas,
para extraer del mundo su crujiente perfume,
su aquelarre de ninfas abandonadas, casi
a punto de ser solo viento que no se rinde.

Es necesario ser de nuevo páramo ingente,
turba azul de penumbras, multitud de relojes
inmóviles, excéntrica incomprensión sin máculas,
circo donde la muerte se desmaya, pradera
cuya respiración nunca ha conocido nadie.

Es necesario imaginar con los ojos yermos
para que nazca lluvia de los acantilados,
para que nuestra vida nos recuerde algún día
a aquello en que soñábamos cuando éramos jóvenes,
cuando la luz aún era ritmo entre la bruma.

XXXVI

A veces me sorprendo, Isabel, del desvarío
de las fauces que rugen y desgarran el mundo,
de las personas que se pierden en espirales
donde todos parecen sortear la borrasca.

Yo mismo me contemplo envuelto en ráfagas grises,
en llanuras de tiempo donde aquello que importa
lo dejamos atrás para continuar rodando
hacia no sé qué oasis extraviado a lo lejos.

¡Abrázame, Isabel, que las estrellas no intuyan
que nuestro corazón se desvive por oírlas,
por rozar sus designios de luz, por concebir
el sentido de nuestro viaje sobre la tierra!

Caminamos, seguimos avanzando a retazos
a través de laderas infinitas que al fondo
difuminan su rostro, como si se olvidaran
de su propósito tardío, de su espejismo.

Al final solo quedarán trazos y rincones
de nuestros nombres apilados en cajas huecas,
una casa vacía con libros de otro tiempo,
un parque onírico a merced de algún augurio.

XXXVII

¿Es que voy a vivir? ¿Tan pronto acaba
la ebriedad? Ay, y cómo veo ahora
los árboles, qué pocos días faltan…
CLAUDIO RODRÍGUEZ

Desnudos abrazamos la distancia, Isabel,
parecemos corcheas hacia el son del futuro,
somos crisoles de un licor de alguna otra época,
estamos ebrios frente al abismo de la vida,
frente al vértigo inmóvil de nuestra propia altura.

Desnudos vemos parte de una música ingente,
de una leyenda de años que se recitan lejos,
formamos un equipo de enigmas trasnochados,
un par de chispas hacia el hogar del horizonte,
hacia lo insólito de alguna estirpe que fluye.

Desnudos estrenamos quimeras sin motivo,
parajes que se antojan arrebatos plausibles,
irrisorias tragedias, carcajadas dolosas,
crímenes donde la sonrisa es la principal
sospechosa y el tiempo el verdadero culpable.

Desnudos damos todo lo que nuestra presencia
intuye más allá de los bordes, de la magia
clandestina, bordamos fronteras hacia el lado
más natural de ser ladera… como un antojo
en que destierras mi esperanza con travesuras.

XXXVIII

...y el camino que serpea
y débilmente blanquea
se enturbia y desaparece.
ANTONIO MACHADO

DIRE STRAITS

Seguimos el sendero de las sombras sonoras,
mientras la calma riela sobre el frío vacío
que algún recuerdo deja tras la espiral sin pausa
de las causas oníricas, de los muros tuertos.

Parece que gritamos desde un vórtice mudo,
desde el altar perdido de un final que no cesa,
parece que el estrépito dócil que auguramos
no despierta después de contemplar la locura.

Pero lo vertical respira como algo dulce,
como el almíbar que se agolpa al oír el aire,
y hay edificios persiguiendo sus ojos verdes
más allá de las voces ciegas del horizonte.

Parece que el sendero se cuartea sin fondo
cuando lo hollamos sin saber que jamás hay prisa
donde queremos encontrarla, donde se inhiben
los bordes oligarcas de un corazón, de un alma.

Nosotros continuamos a pesar de las cosas,
a pesar de los días que confunden al mundo,
a pesar de las noches que disgregan la tierra,
a pesar de que Dios no tenga piedad del viento.

XXXIX

¿Por cuánto tiempo muere el hombre?
¿Qué quiere decir para siempre?
PABLO NERUDA

¿Por qué voy a empezar a ser quien yo no merezco?
¿Qué hay más allá del limo frágil de la esperanza?
¿Cuándo regresarás de oír lo que no dijiste?
¿Cómo hablaremos de un oasis si siempre llueve?
¿Dónde seré lo que después nunca se despierta?

¿Quién habrá de culparme si desgasto desidia?
¿Bajo quién de nosotros se cobijará el mundo?
¿Qué significa imaginar un nombre ya extinto?
¿Hasta cómo respiro el pronombre de mi sombra?
¿Hemos gastado el corazón sin nuestro horizonte?

¿Alrededor de qué espejismo gira el ocaso?
¿Parece que las cosas conversan tras el aire?
¿Cuándo vas a avanzar hacia tu propia penumbra?
¿Es más adverso el cielo bajo el que somos nube?
¿Sueñas porque nos damos hormigas en los ojos?

¿Dónde se deshilacha lo que al final haremos?
¿Tendrá éxito el óbice de un día latente?
¿Para qué hay que perder antes de concebir algo?
¿Nunca preguntas el motivo de crear cosas?
¿Cuándo conoceremos nuestra propia respuesta?

XL

Fuiste ramo recóndito de lunas adversas,
imposible bandera ondeando al pie del orbe,
nogal al borde de la luz de un alba sin rostro,
multitud extraviada al conocer la victoria,
fuiste congoja muerta de risa indiferente,
pared cansada de ocultar siempre el otro lado,
ritmo inocuo hacia pálidas partituras de agua,
nube que aún añora charcos en el desierto,
terraza frente al mar de mi horizonte vacío.

Fuimos aullidos tras un templo izado con ruinas,
calles que obviaron su destino de incertidumbre,
cicatrices halladas bajo el fondo del mundo,
ciudades que una guerra imaginó entre la sangre,
fuimos maleza y fuimos tensa hoguera de pájaros,
rescoldos más allá de un huracán sin derrota,
ímpetus maniatados por un suicida pobre,
pergaminos silentes desde el fin de la bruma,
destellos en el ínfimo hogar del firmamento.

ÍNDICE

LUNA NUEVA

CUARTO CRECIENTE

LUNA LLENA

CUARTO MENGUANTE